Copyright© desta edição Hedra Ltda, 2008
Copyright© Vanessa Campos Rocha, 2008
Copyright© das ilustrações Flavio Castellan, 2008

Capa e projeto gráfico do miolo
Renan Costa Lima

Impressão
Yangraf

Dados Internacionais de Catalogação na Publicação (CIP)

Vanessa Campos Rocha.
Cadeira de Balanço, Vanessa Campos Rocha; Ilustrações
Flavio Castellan. São Paulo: Hedra, 2008.

ISBN 978-85-7715-101-1

1. Literatura infantojuvenil I. Rocha, Vanessa. II. Castelan, Ilustrações

08-1329   CDD-028.5

Índices para catálogo sistemático:
1. Literatura infantil   028.5
2. Literatura infantojuvenil   028.5

Direitos reservados dessa obra
EDITORA HEDRA LTDA
rua fradique coutinho, 1139 subsolo
vila madalena são paulo sp 05416-011
+11-3097-8304
editora@hedra.com.br
www.hedra.com.br

Foi feito o depósito legal.

CADEIRA DE BALANÇO

Vanessa Campos Rocha
Flavio Castellan [ilustração]

COLEÇÃO POESIAPROSA

SÃO PAULO 2008
1ª edição

EU SOU UMA CADEIRA DE BALANÇO
PARA QUEM QUER UM DESCANSO

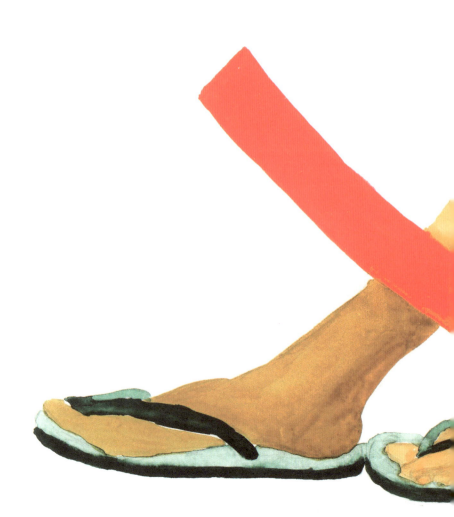

PARA FAZER O BEBÊ NINAR
É TÃO DOCE O MEU BALANÇAR

POSSO SER BEM APRESSADA
SE ME PEDE A CRIANÇADA

SOU PINTADA DE VERMELHO
ME ACHO LINDA NO ESPELHO

VANESSA CAMPOS ROCHA FOI CRIADA ENTRE AS MONTANHAS DO SUL DE MINAS E O TRÂNSITO DE SÃO PAULO. FORMOU-SE EM PSICOLOGIA E ESPECIALIZOU-SE NO ATENDIMENTO DE CRIANÇAS. HOJE, DIVIDE SEU TEMPO ENTRE O CONSULTÓRIO E O COMPUTADOR, ESCREVE ROMANCES, POESIAS E HISTÓRIAS PARA CRIANÇAS.

FLAVIO CASTELLAN CURSOU ARTES PLÁSTICAS NA ECA-USP. PARTICIPOU DE EXPOSIÇÕES COLETIVAS E INDIVIDUAIS, NO BRASIL E NO EXTERIOR. ATUALMENTE, FAZ PARTE DO COLETIVO ESPAÇO CORINGA, COMPOSTO DE SETE ARTISTAS. ESTE É SEU TERCEIRO LIVRO PARA CRIANÇAS.

Adverte-se aos curiosos que se imprimiu essa obra na gráfica Yangraf, composta em blockhead unplugged de corpo vinte, em papel off-set cento e cinquenta gramas.